Deuxième Exposition

DE

PEINTRES-GRAVEURS

1890

GALERIES DURAND-RUEL

DEUXIÈME EXPOSITION

DE

PEINTRES-GRAVEURS

GALERIES DURAND-RUEL

16, RUE LAFFITTE, ET 11, RUE LE PELETIER

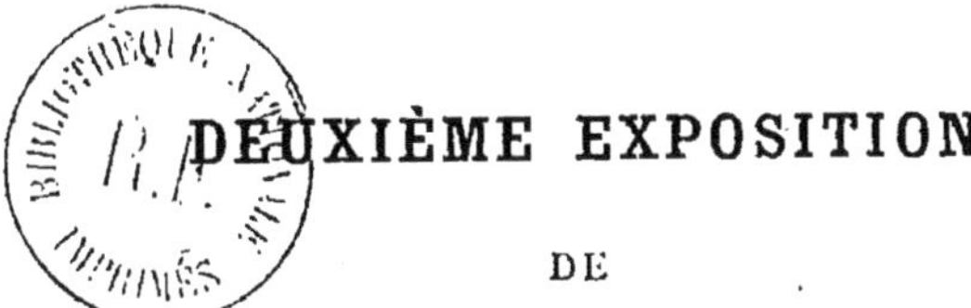

DEUXIÈME EXPOSITION

DE

PEINTRES-GRAVEURS

PRÉFACE

DE

PH. BURTY

L'EXPOSITION

sera ouverte du 6 au 26 mars 1890

de 10 h. du matin à 6 h. du soir.

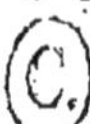

Mars 1890.

'Exposition de Peintres-Graveurs *s'ouvre pour la seconde fois, rue Le Peletier, dans les galeries Durand-Ruel,* augmentée et perfectionnée : *ces galeries ont été remaniées; un plus grand nombre d'œuvres y occupent plus d'espace, et elles se présentent avec un ordre plus légitimé.*

Les mêmes principes ont présidé à la formation de cette deuxième Exposition. Il n'existe pas de jury ; quelques personnes ont été consultées, qui ont du goût et de la bienveillance. Lorsque l'Exposition sera close, on ne distribuera pas de médailles. La cymaise est accessible pour les œuvres qui exigent d'être étudiées de plus près que les œuvres dont l'effet est plus marqué par les qualités visibles. La même tranquillité est exigée pendant la durée des séances, cette tranquillité régnait déjà si bien l'hiver dernier, que des preneurs de notes

sérieuses purent travailler sur un pliant mobile,
— ce qui rend les critiques satisfaits et d'aimable
accueil. Nombre d'amateurs, passionnés, pour les
études uniques, les effets réussis, les papiers in-
trouvables, ont pu se passer leurs fantaisies et y
reviendront.

La Presse reviendra aussi puisqu'elle s'est mon-
trée prodigue de publicité : les journaux quoti-
diens où les reporters renseigneront le grand pu-
blic, les revues qui renseigneront aussi les groupes
« select » des amateurs français ou étrangers.
Nous n'entrons dans aucune des discussions qui
ont surgi. Nos exposants peuvent « prendre parti
pour Étéocle ou Polynice », comme l'a dit spiri-
tuellement A. Vacquerie ; ici, ils sont dans un pa-
lais tout petit mais tranquille, sans agitation autre
que celle de présenter les eaux-fortes, les pointes
sèches, les essais d'impression en couleurs, les
croquis, les pastels ayant servi pour les lithographies, les études que l'on a rapportées de la
campagne, de la mer, etc. L'Exposition de
Peintres-Graveurs est à peine née. Elle a grandi
et a pris, dès ce moment, une tournure. Elle doit
être une personne utile à ses parents, et faire des
yeux en coulisse à toutes les personnes qui ont

des cadres à suspendre, des corridors à remplir, des collections à compléter dans leurs intérieurs.

Les étrangers, courtoisement accueillis à Paris, l'ont dit à leur retour, et nous retrouvons des Hollandais, des Suisses, des Anglais, des Belges, dont les talents très divers, les génies dissemblables seront prétextes à des analyses piquantes, dans les revues spéciales.

Les nationalités puisent leurs originalités dans les développements de leur histoire, dans la force ou la tendresse, la rudesse ou l'éclat de leur sol, leurs ciels, leurs saisons; dans la beauté de leurs femmes, la vigueur de leurs hommes. Les artistes sont une perpétuelle résultante de l'ensemble de ces phénomènes; l'Artiste, en même temps, a le privilège de pouvoir exprimer les traits généraux de ces causes, si profondes et qui composent les races. Rien ne lui échappe, et il rend tout visible. Je n'ai le droit de citer aucun nom, mais je puis isoler des impressions générales : les Hollandais perpétuent la poésie, le charme mystérieux des intérieurs, que leurs maîtres avaient marqué dans leurs peintures, dans leurs admirables eaux-fortes; l'Exposition universelle récente a été toute à la gloire, toute à l'émotion des artistes des races du Nord, à la coloration assoupie qui filtre des fenêtres.

L'Angleterre, dans l'œuvre de Seymour-Haden, se retrouve noble et élégante dans ses bords de rivière, dans les verdures opaques. Ici, un artiste nouveau venu, qui se sert habilement de la pointe sèche, complète les effets vigoureux et sans tricherie des aquarellistes, des peintres de marine ses compatriotes, par une visée particulière. Les levers de brouillard, les mouvements d'atmosphère animant les falaises, les moires argentées traînant sur la mer au pied des rochers, sont le lot du colonel R. Goff.

Je crains de sortir des quelques lignes qui doivent ne pas obstruer une Préface. Tous mes confrères me comprendront; ils auront le plaisir de développer à leur gré ce que je sens. Mais puisque j'ai accepté d'écrire ces quelques lignes d'en-tête, je dois signaler quelques progrès réalisés sur l'Exposition précédente.

Aujourd'hui, presque tous les graveurs se mettent à imprimer leurs études, à varier les effets de tirage, tous possédant des presses commodes dans leur atelier. Je me dois de mettre mes amis au premier rang.

Henri Guérard dépasse les plus habiles tireurs d'épreuves, en France comme en Angleterre. Il use de procédés qui lui appartiennent, d'encres qui obéissent à toutes ses fantaisies. Henri Rivière, une nouvelle recrue, rêve d'associer l'eau-forte à la lithographie. Je ne quitte pas ainsi H. Rivière. Je dois encore dire que certains de ses pastels, d'après des terrains ferrugineux n'auraient pas été désavoués par le grand Hiroshidé, que certaines de ses prairies de Bretagne ne seraient pas désavouées par Claude Monet; qu'il est sans rival dans la science des attitudes, l'imprévu des colorations dans la féerie de la Marche à l'Étoile, un des poèmes les plus pénétrants de cette jeune génération.

J. Chéret encadre des pastels nés dans un rêve soulignés par un éclat de rire. Quel maître!

Lewis Brown nous donne d'ingénieuses compositions lithographiques à plusieurs tons.

Cette année, l'Exposition accepte les premiers états de gravures, par exemple : des paysannes, d'après J. F. Millet, par Bracquemond. L'eau-forte d'une gravure ainsi préparée par ce maître est un enseignement spécial, et un original de premier jet.

*

Lepère nous donne aussi des épreuves exquises, des fumés de bois excellemment gravés.

Mlle Mary Cassatt a réuni des eaux-fortes et des aqua-tintes; M. A. Besnard des têtes d'enfants, et Jeanniot des scènes parisiennes.

« Nous ne repoussons personne. Nous accueillons tout le monde, heureux si nous avons noué des rapports plus intimes que dans les Salons encombrés par la foule, si nous avons mis en lumière plus discrète des œuvres nées de la veille et applaudies dès demain. »

Tel est notre programme, disent les adhérents à cette EXPOSITION. L'ère des Salons officiels ou dissidents est close.

PH. BURTY.

DÉSIGNATION

Adeline (Jules).

EAUX-FORTES

1 — Le Collège de l'Albane, à Rouen.

2 — Rouen, jadis et aujourd'hui.

3 — Menu.

4 — Programme.

5 — Poupée japonaise.

App. à M. H. Béraldi.

Albert (A.).

GRAVURES

6 — Un cadre de quatre eaux-fortes :
Sous le Pont de la Bastide, à Bordeaux;
Le Port de la Bastide ;
La rue Lecoq et la Cathédrale ;
Le Pont de la Bastide.

7 — Un cadre de deux épreuves :

Le Pont-Marie, à Paris;
Eau-forte.

Sous le Pont des Arts.
Eau-forte et pointe sèche.

8 — Le Pont de l'Estacade.
Eau-forte.

9 — Le petit bras de la Seine, au Pont-Neuf.
Eau-forte.

10 — Jeune fille.
Pointe sèche.

AQUARELLES

11 — Passage Charlemagne, à Paris.

12 — Scène de bar.

Bellée (L. de).

PEINTURE

13 — Route en forêt.
Effet de neige.

14 — Soleil couchant.

EAUX-FORTES

15 — Chemin à Saint-Cast.

16 — Horde de cerfs.

17 — Allée en forêt.

Besnard (Paul Albert.)

DESSINS

18 — Étude.

19 — Étude de femme.

EAUX-FORTES

20 — Portrait d'enfants.

21 — Etude.

22 — Portrait de femme.

23 — Étude.

Bracquemond (Mme Marie).

PEINTURE

24 — Campagne.

25 — On vient d'allumer la lampe.

26 — L'Aquarelliste.

27 — Neige.

EAUX-FORTES

28 — Portraits et études.

29 — Portrait de M. Gustave Geffroy.

30 — Portrait de l'auteur.

31 — Germinie Lacerteux. — Scène de l'hôpital.

Bracquemond.

32 — Premiers états d'eaux-fortes.

D'après Millet.

Brown (John Lewis).

PEINTURES

33 — La veille de Waterloo.

34 — Un Cavalier.

35 — Gentleman-rider.

36 — Petits Cavaliers.

37 — Revue au Champ-de-Mars.

38 — A racer.

GRAVURES

39 — Un lancier du 1er régiment de chasseurs.

1827.

Eau-forte et aqua-tinte.

40 — Grandes manœuvres.

Eau-forte.

41 — Cavalier.

Vernis mou.

42 — Gendarme. — Menu.

Eau-forte et vernis mou.

43 — Vedette.

Eau-forte et aqua-tinte coulée.

LITHOGRAPHIES

44 — Éventail.

Impression en trois couleurs.

45 — Lithographies diverses.

Boutet (Henri).

PASTELS

46 — Le Matin. — Quai Bourbon.

Étude pour une planche en couleurs.

47 — Le soir.

Étude pour une planche en couleurs.

GRAVURES

48 — Femme au corset.
Pointe sèche.

49 — Un coin de loge à l'Opéra.
Pointe sèche.

50 — Carte pour un changement de domicile.
Pointe sèche.

51 — Suivie.
Pointe sèche.

52 — Boulevard extérieur.
Aqua-tinte.

Cassatt (Mlle Mary).

53 — Épreuves de pointe sèche faisant partie
d'une série de douze.

54 — Epreuves d'aqua-tinte faisant partie d'une
série.

Chéret (Jules).

PASTELS

55 — Fantaisie.

App. à M. S. Meyer.

56 — Femme à l'éventail.

App. à M. S. Meyer.

57 — La Sérénade de Colombine.

58 — Lithographies en couleurs.

Delauney (Alexandre).

PASTEL

59 — Le Phare du Sénéguet, à marée basse.

GRAVURES

60 — Vues du vieux Paris.

61 — Cathédrale de Rouen, avant l'incendie de 1822.

62 — Vue du Pont-Neuf, sur le petit bras.

Desboutins (Marcellin).

63 — Portrait.

Pointe sèche.

Dillon (H. P.).

PEINTURES

64 — Liseur.

65 — Étude.

App. à Mme P. G.

LITHOGRAPHIES

66 — Intérieur d'atelier.

67 — Frontispice.

Publié par *l'Estampe originale.*

68 — Kahemono.

69 — L'Appel des figurantes.

Jacques (Frédéric)

PEINTURES

70 — Nature morte.

71 — Tête de chien.

72 — Camion.

GRAVURES

73 — Un cadre de six études.

74 — Un cadre de huit études.

75 — Un cadre de huit eaux-fortes.

76 — Un cadre de six eaux-fortes.

Fantin-Latour.

LITHOGRAPHIES

77 — Parsifal-Erda.

78 — Manfred.

78 *bis* — Etude pour le *Tanhauser*.

App. à M. Ch. Burty.

Forel (Alexis).

GRAVURES

79 — Croquis bretons.

80 — L'Abside de Notre-Dame.

Épreuve d'artiste.

81 — Grand Chêne de Saint-Saphorin.

Épreuve d'artiste.

82 — Cathédrale de Lausanne.

Épreuve d'artiste.

83 — Un cadre de quatre eaux-fortes.

84 — Vieil ormeau sur les bords du lac Léman.
Épreuve d'artiste.

85 — La Lande par un grand vent.
Épreuve d'artiste.

86 — Le Tronc coupé.
Épreuve d'artiste.

Goff (R.).

AQUARELLES

87 — Le Matin à Rotten-Row. Londres.

88 — Le Quai. Chelsea.

89 — Les Vagues.

90 — L'Orage. Brighton.

91 — L'ancien Marché, à Florence.

92 — Le grand Canal. Venise.

EAUX-FORTES

93 — La Tamise, à Cannon St.

94 — Approche de Middlebourg.

95 — Le Ruisseau.

96 — Le Rialto. Venise.

97 — L'Embouchure de la Tamise

98 — La saison des Bains. Folkestone.

99 — Les Pèlerins de Yenoshima. Japon.

100 — Un Canal en Hollande.

101 — Un Soir à Vénise

102 — La Riva de'Schiavoni. Venise.

103 — Remorqueur sur la Meuse. Hollande.

104 — Au bord de la Rivière.

Guérard (Henri).

PEINTURES

105 — Quai de la Gare, à Dieppe.

106 — Passerelle au Pollet, à Dieppe.

107 — Embarquement de Réservistes. Honfleur,

DESSINS

108 — Canards (effet de lune), éventail.

109 — L'Apparition. Eventail.

110 — Trois Marines. Croquis.

GRAVURES

111 — Jean Raimond Guérard, à l'étude.
Histoire d'une gravure en couleurs.

112 — Pêches et Raisins.
Gravure en couleurs. — App. à M. Burty.

113 — Le Quai de la Gare, à Dieppe.
Pointe sèche.

114 — Bateau brisé au Pollet.
Pointe sèche.

115 — Carrières à Vanves. Effet du matin.
Manière noire.

116 — Un vieux Manège sur la falaise. Dieppe.
Manière noire.

117 — Pêcheurs à la ligne, au Pollet.
Pointe sèche.

118 — Venise.

119 — Au Chévalet.
Troisième état. Manière noire.

120 — Portrait de l'auteur.
Manière noire.

121 — Construction de l' « Amélie Célina ».
Honfleur.

122 — Le nouveau Pont tournant du Pollet.
Dieppe.

123 — Ophélie.
Pointe sèche.

124 — Bartholo.

Impression en couleurs.

125 — En Barque (état).

126 — Marché à Honfleur.

127 — Le peintre Goeneutte, à l'étude. Dieppe.

Pointe sèche.

Toutes ces épreuves sont tirées par l'auteur.

Goeneutte (Norbert).

PEINTURE

128 — Souvenir de Dieppe.

Appartient à M. S. Meyer

DESSIN

129 — Jeune Fille. Etude.

GRAVURES

130 — Portrait de l'auteur.

Pointe sèche.

131 — La Lettre.

Pointe sèche.

132 — Pont de l'Europe.

Pointe sèche.

133 — Bergerie.

Eau-forte.

134 — Paysage.

Eau-forte.

135 — Pêcheur endormi.

Eau-forte.

136 — La Couturièré.

Eau-forte.

137 — Dix pièces diverses.

Appartiennent à M. H. Guérard.

138 — A travers la porte.

Pointe sèche.

139 — Dieppe, travaux du Port.

Eau-forte.

140 — Portraits du graveur Henri Guérard.

Lalouze (Ad.).

PEINTURE

142 — Un Éventail.

Aquarelle.

EAUX-FORTES

143 — Un Coin des Tuileries.

144 — Huit eaux-fortes pour l'illustration de
Serge Panine.
App. à M. Ollendorff.

Legros (M. A.).

GRAVURES

145 — Quatre eaux-fortes.
App. à M. R. de Los Rios.

Lepère (A.)

PEINTURES

146 — Un Village, environs de Pontoise.

147 — Le Quai de l'Hôtel-de-Ville.

148 — Août.

149 — Départ des bateaux de pêche. Dunkerque.

150 — Nature morte.

151 — Fabricant de galoches.
Aquarelle.

GRAVURES SUR CUIVRE

152 — Le Quai de l'Hôtel-de-Ville.

153 — Saint-Séverin. Vue d'une vieille maison.

154 — Sur la Seine.

155 — Un cadre de huit gravures diverses.

GRAVURES SUR BOIS

156 — Un cadre de neuf gravures diverses.

157 — Le Gros-Horloge, à Rouen.

158 — La Cathédrale de Rouen.

159 — Un cadre de six gravures diverses.

160 — Un cadre de six gravures.
Essais d'impression en couleurs.

Lerolle (Henry).

161 — Un cadre de dix eaux-fortes.

162 — Eau-forte d'après un tableau de l'auteur.

163 — Ile Sainte-Marguerite.
Eau-forte.

Lhermitte (Léon).

GRAVURES

164 — La Cathédrale de Rouen.

165 — Intérieur de l'église de Saint Mauléon.

166 — Visite pastorale — Pèlerinage.

167 — La Malade.

168 — L'Epicerie de village.

169 — Les Foins.

Los Rios (R. de).

PEINTURES

170 — Vieilles maisons normandes à Dives.
Aquarelle.

171 — Dans les prés.
Dessin.

172 — Moutons.
Dessin.

173 — Fin de jour.
Étude.

EAUX-FORTES

174 — D'après Vieilles maisons normandes.

175 —   «   Dans les prés.

176 —   «   Moutons.

177 —   «   Fin de jour.

Luce.

PEINTURES

178 — Paysage. Harblay.

179 — Femme s'habillant.

Pastel.

DESSINS

180 — Femme mettant son corset.

181 — Homme allumant sa pipe.

LITHOGRAPHIES

182 — Les Coins de Paris.

183 — Un cadre lithographies diverses.

Lunois (Alexandre).

PASTELS

184 — L'Ouad el Biod. Sud Oranais.

185 — Un Redir.

186 — Temps lourd.

LITHOGRAPHIES

187 — Portrait de Mlle E.

188 — Les Disciples d'Emmaüs.

189 — Hollandaise de Volendam.

190 — Fileuse arabe.

Maarel (M. van der).

191 — La Fille au tablier blanc.
App. à M. A. Pit.

Maris (Jacob).

192 — Moulin à vent.
App. à. M. A. Pit.

Maris (Mathys).

193 — Étude peinte.
App. à M. A. Pit.

194 — La Rêveuse. Pays———
— ——— ... Pit.

Mathcy.

195 — L'Homme à la pipe. Enfant.
Pointe sèche.

Michel de l'Hay.

PEINTURES

197 — Falaises de Bouville.

198 — Marée basse.

199 — Le matin.

200 — L'estacade.

201 — A. G.
Fusain.

GRAVURES

202 — Croquis.
Eau-forte.

203 — Croquis.
Eau-forte.

204 — A. G.
Pointe sèche.

Muyden (Evert van).

205 — Un cadre. Eaux fortes. — Animaux.

Redon (Odilon).

DESSINS

206 — Profil de César.

207 — Senteur du mal.

208 — Paysage.

209 — Lithographies diverses.

Piguet (Rodolphe).

210 — Portrait de Mlle J. S.

Pastel.

211 — Vue du Pont de Lagny.

Pastel.

212 — La Marne. Environs de Lagny.

Pastel.

GRAVURE

213 — Portrait d'une française de 1889.

Pointe sèche.

Pissarro (Camille).

PEINTURES

214 — Paysanne dans les choux.

Gouache.

215 — Faneuses.

Dessin rehaussé.

216 — Bergères.

Dessin rehaussé.

EAUX-FORTES

217 — La Ferme d'Eragny.

5e état.

218 — Paysanne bêchant.
Épreuve d'artiste.

219 — Prairies à Bazincourt.
Épreuve d'artiste.

Paysage à la Fourche.
Aqua-tinte. Épreuve d'artiste.

220 — Paysage à Osny.
Aqua-tinte. Épreuve d'artiste.

221 — La Vachère au bord de l'eau.
Aqua-tinte. Épreuve d'artiste.

222 — La Masure.
Aqua-tinte. Épreuve d'artiste.

223 — Paysanne portant des seaux.
Aqua-tinte. Épreuve d'artiste.

224 — Vue de Pontoise.
Aqua-tinte, 7e état.

225 — Faneuses.
Épreuve d'artiste.

226 — Femme retournant une brouette.
Aqua-tinte.

227 — Prairie et Moulin.
Aqua-tinte.

228 — La Ferme à Noël, à Osny.
Aqua-tinte.

Pissarro (Lucien)

DESSINS

229 — Le Bouquet.

230 — Automne et Printemps.

231 — Jeune Paysanne.

232 — Gauleur de pommes.

233 — Femme lisant. — Printemps.

EAUX-FORTES

234 — Jeune Femme dans un café.

235 — Café de province.

236 — Femme vue de dos. Fiacre.

237 — Menus.

GRAVURES SUR BOIS

238 — Au Café-concert.

239 — Cul-de-Lampe. Le Semeur.

Rivière (Henri).

PEINTURES

240 — Un cadre de quatre aquarelles. Saint-Briac.

241 — Un cadre de quatre aquarelles.

242 — Quai du Louvre.

>Pastel.
>App. à M. Ch. F.

243 — Crue de la Seine. Pont des Saint-Pères.

>Pastel.

244 — Pont-Neuf.

>Pastel.

245 — Sara.

>App. à M. R. S.
>Pastel.

246 — Au Balcon.

>Pastel.

247 — Étude (Genainville).

>Pastel.

248 — Les Ébihiens (Saint-Briac)

>Pastel.

GRAVURES

249 — Un cadre de cinq épreuves.

>Eau-forte, pointe sèche et lithographies en cou-
>leurs.

250 — Un cadre de dix épreuves.

251 — Genainville.

Pointe sèche.

Robida (Albert).

252 — Vues de Normandie : Caen, Bayeux, Vires, etc.

Lithographies.

253 — Vues de Normandie : Granville, Saint-Lô, etc.

Lithographies.

Serret (Charles).

254 — Coquetterie villageoise.

Dessin.

255 — La place est prise.

Dessin.

256 — Les Enfants aux champs.

Pastel.

257 — La Pleureuse.

Pastel.

258 — La petite Joueuse de flûte.

Dessin.

259 — La Balançoire.

Dessin.

260 — Trois lithographies.

Sisley (A.).

PEINTURE

261 — Le Port de Moret.

262 — Moret, le soir.

263 — Croquis.

EAUX-FORTES

264 — Quatre épreuves. Le Loing, à Moret.

Somm (Henry).

GRAVURES

265 — Quatre épreuves.

Pointes sèches.

266 — Mon Album, croquis.

Eaux-fortes.

Storm de Gravesande (Charles)

EAUX-FORTES

267 — Dans les Lagunes de Venise.

268 — Un Port à Dordrecht.

269 — Dans les Dunes de Harlem.

Thornley (G. W.).

AQUARELLES

270 — Jersey.

271 — Rochers à Granville.

LITHOGRAPHIES

272 — Près Rotterdam, Hollande.

Vignon (Victor)

PEINTURE

273 — L'Église d'Hédouville.

274 — La Sente des Crênes.

275 — L'Église de Pontoise.

App. à M. H. Guérard.

EAUX-FORTES

276 — Natures mortes.

277 — Croquis.

Zilken (Ph.).

PEINTURE

278 — Près du Pont-Neuf.

279 — Temps gris en Hollande.

280 — Octobre, en Hollande.
Pastel.

GRAVURES

281 — Jeune fille.

282 — Petite Mendiante.

283 — Études d'animaux morts.

284 — Études de femme.

285 — Souvenir d'Algérie.
Vernis mou.

286 — Profil.
Pointe sèche.

Zwart (de).

287 — Les Chargeurs de charbon.
App. à M. A. Pit.

Jeanniot (G.).

288 — La pièce d'eau.
Peinture.

289 — Pommiers.
Peinture.

290 — Aux Halles.

Eau-forte.

291 — Le Tramway.

Pointe sèche.

292 — Joueurs.

Pointe sèche.

Legros (M.-A.).

293 — Etudes de mains.

Dessin.

294 — Baptême dans une chapelle.

Dessin.

295 — La communion à Saint-Médard.

Eau-forte rehaussée.
Appartiennent à M. Ph. Burty.

Seymour Haden (Francis).

296 — In the park.

Appartient à M. Ph. Burty.

IMPRIMERIE

D. DUMOULIN ET Cie, A PARIS

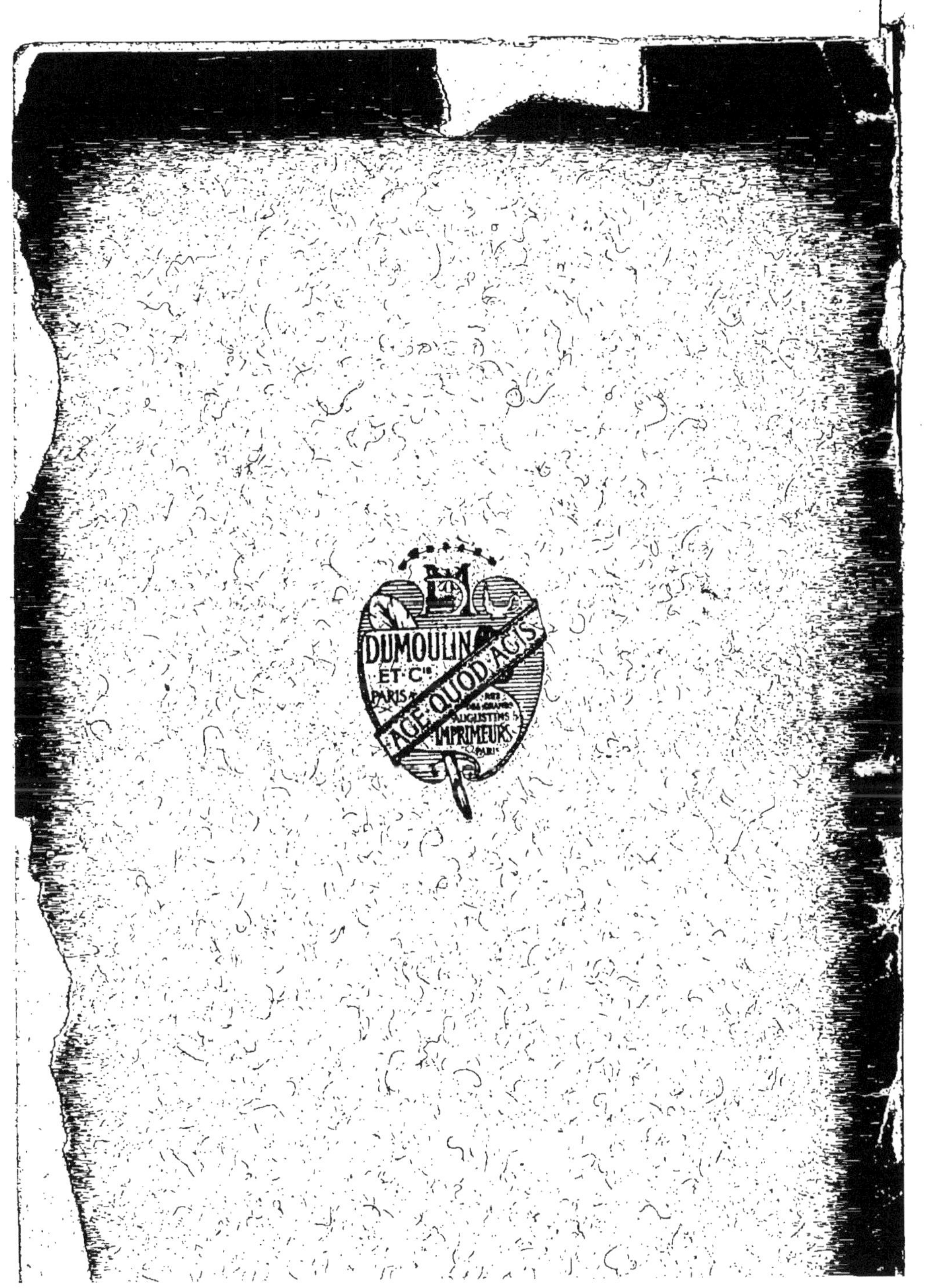

DUMOULIN
ET C.ie
PARIS
AGE QUOD AGIS
RUE DES GRANDS AUGUSTINS
IMPRIMEURS
PARIS